All that Sugar : A Sweet and Bitter Story in the World

Honeybees bring honey to the honeycombs from flowers.
People go through fire and take out honey from the honeycombs.
This honey is the sweetest in the world.
People who have tried honey, have never forgotten its taste. The sweet taste of honey has turned people's cravings into an addiction.

In the mean time, a remarkable plant was discovered in India.
Reeds that can make honey without honeybees grew there.
Those were sugarcanes.
People made sugar with the sweet juices from the stems of sugarcanes.
They thought sugar was sweeter than honey.

Sugar became very popular at once.
However, at that time sugar was very expensive and precious.
The process was complicated, and it produced a small amount.
People wondered how sugar could be produced cheaply and in abundance.

They used slaves from Africa to keep up with the demand. The slaves worked desperately hard at sugarcane farms and the sugar factory.
Because of their hard work, the sugar industry was developped.

Now that sugar is so abundant, people need to limit the amount they eat for health concerns. Is there something harmful in the sweetness of sugar? What are some concerns about sugar?

This book explains everything about sugar. What's the reason for sugar's sweetness? How do we process sugar? What is sugar's future?

Sugar is Honest!
Let's get a taste of sugars impact around the world.

Contents

1. Sugar is sweet like honey
Everybody likes sweetness
Sugar we eat
Our body and sugar

2. What is sugar?
What is sugar made of?
Sugar's characteristics
Sugar's folk remedies
Sugar's substitute

3. Where is sugar's origin?
Raw sugar
Raw sugar process
Refined sugar and Kinds of sugar

4. History of Sugar
People and sugar in the past
The beginning of sugar
Sugar's spread
Introduction of sugar in Korea

5. Sugar and Industry
Industrial sugar
Food industry sugar
Great usage
Sugar craft

6. Sugar's Way
Sugar's variety of usage
Putting in sugar vs dusting on sugar
Many uses of sugar

7. Sugar is Honest
Animals and sugar
Dangerous Sugar
Sugar and Health

달콤 쌉쌀한
설탕의 진실

풀과바람 지식나무 23

달콤 쌉쌀한 설탕의 진실
All that Sugar : A Sweet and Bitter Story in the World

개정판 1판 1쇄 | 2021년 6월 29일
개정판 1판 5쇄 | 2023년 2월 6일

글 | 김은의
그림 | 노기동

펴낸이 | 박현진
펴낸곳 | (주)풀과바람
주소 | 경기도 파주시 회동길 329(서패동, 파주출판도시)
전화 | 031) 955-9655~6
팩스 | 031) 955-9657
출판등록 | 2000년 4월 24일 제20-328호
블로그 | blog.naver.com/grassandwind
이메일 | grassandwind@hanmail.net

편집 | 이영란
디자인 | 박기준
마케팅 | 이승민

ⓒ 글 김은의, 그림 노기동, 2021

이 책의 출판권은 (주)풀과바람에 있습니다.
저작권법에 의해 보호를 받는 저작물이므로 무단 전재와 복제를 금합니다.

값 12,000원
ISBN 978-89-8389-909-5 73570

※잘못 만들어진 책은 구입처에서 바꾸어 드립니다.

제품명 달콤 쌉쌀한 설탕의 진실	**제조자명** (주)풀과바람	**제조국명** 대한민국
전화번호 031)955-9655~6	**주소** 경기도 파주시 회동길 329	
제조년월 2023년 2월 6일	**사용 연령** 8세 이상	

⚠ **주의**
어린이가 책 모서리에
다치지 않게 주의하세요.

KC마크는 이 제품이 공통안전기준에 적합하였음을 의미합니다.

달콤 쌉쌀한 설탕의 진실

김은의 · 글 | 노기동 · 그림

풀과바람

머리글

"아이, 달콤해!"

벌은 꽃에서 꿀을 빨아올려 벌집에 저장해요.

"흐흡!"

군침이 돈 사람들은 위험을 무릅쓰고 벌집에서 꿀을 빼냈지요.

"세상에 이렇게 달콤하고 맛있는 게 또 어디에 있을까?"

한번 맛을 본 사람들은 평생 그 맛을 잊을 수 없었어요. 꿀처럼 달콤한 맛, 그건 사람들의 오랜 소망이었지요.

그런데 인도에서 놀랄 만한 식물이 발견된 거예요.

"인도에는 꿀벌 없이 꿀을 만들 수 있는 갈대가 자란다."

바로 사탕수수였지요. 사람들은 사탕수수의 줄기에서 달콤한 즙을 뽑아내 설탕을 만들었어요.

"아이, 달콤해. 꿀보다 더 달콤해!"

설탕은 단박에 사람들의 입맛을 사로잡았어요.

그러나 초기의 설탕은 너무나 비싸고 귀했어요. 양도 많지 않고, 설탕을 만드는 과정이 몹시 힘들고 복잡했거든요.

"좀 더 많이, 좀 더 싸게 만들 수는 없을까?"

사람들은 사탕수수를 재배하기 시작했어요. 일손이 부족해지자 아프리카에서 노예들을 사 왔어요. 끌려온 노예들은 사탕수수 농장과 설탕 공장에서 죽도록 일했어요. 그 결과 설탕 산업은 엄청나게 발전했지요.

    이제 설탕은 아주 흔해졌고, 지나치게 많이 먹으면 건강을 해칠 수 있다는 경고를 듣기에 이르렀어요.

    설탕이 무엇이기에 이런 걱정을 하는 걸까요? 달콤함 속에 숨은 비밀이라도 있는 걸까요? 이 책은 설탕의 모든 것을 담았어요. 설탕이 달콤한 이유는 무엇인지, 설탕은 어떤 과정을 거쳐 만들어지는지, 현재 어떻게 쓰이고 있으며, 앞으로 나아갈 길은 무엇인지…….

    인간이 만들어낸 최고의 단맛, 설탕의 모든 것을 찾아서 탐험을 떠나 볼까요?

김은의

차례

1 설탕은 꿀처럼 달콤해요 --- 8
　누구나 좋아하는 단맛 --- 10
　우리가 먹는 설탕 --- 16
　우리 몸과 설탕 --- 21

2 설탕은 무엇일까요? --- 28
　설탕은 어떤 물질일까? --- 30
　설탕의 성질 --- 32
　설탕의 민간요법 --- 38
　설탕 대체 감미료의 세계 --- 43

3 설탕의 고향은 어디일까요? --- 50
　설탕의 원료 --- 52
　원당의 제조 과정 --- 56
　설탕의 제조 과정 --- 59
　설탕의 종류 --- 62

4 설탕의 역사 --- 64
　옛날 사람들도 설탕을 먹었을까? --- 66
　최초의 설탕 --- 70
　설탕의 전파 --- 74
　설탕 시장 --- 80
　우리나라에 들어온 설탕 --- 86

5 **설탕과 산업** --- 90
　산업용 설탕 --- 92
　식품 산업용 설탕 --- 95
　사탕수수 찌꺼기 활용 --- 99
　설탕 공예 --- 102

6 **설탕이 가는 길** --- 106
　설탕의 다양한 쓰임새 --- 108
　재우는 설탕 뿌리는 설탕 --- 112
　설탕은 쓸데가 많아요 --- 114

7 **설탕은 정직해요** --- 116
　동물과 설탕 --- 118
　위험한 설탕 --- 123
　설탕과 건강 --- 128

설탕 관련 상식 퀴즈 --- 134
설탕 관련 단어 풀이 --- 136

1. 설탕은 꿀처럼 달콤해요

여러분은 어떤 맛을 좋아하나요?
입 안을 부드럽게 감싸는 달콤한 맛?
저절로 윙크하게 하는 신맛?
뭐니 뭐니 해도 단맛이 최고라고요?
좋아요, 그럼 우리 이제부터
단맛을 찾아 떠나 보아요.
단맛의 최고봉 설탕은 생각보다 우리 가까이에 있답니다.

누구나 좋아하는 단맛

음식에는 여러 가지 맛이 있어요.

단맛, 신맛, 쓴맛, 짠맛, 매운맛, 떫은맛……. 사람들은 혀로 음식의 맛을 느끼고 구분하는데, 각자 입맛에 따라 어떤 맛은 좋아하고 어떤 맛은 싫어해요. 그런데 모든 사람들이 공통적으로 좋아하고 즐기는 맛이 있어요. 바로 단맛이지요.

사람들은 왜 단맛을 좋아할까?

우리가 살아가는 데 꼭 필요한 에너지를 주기 때문이에요.

단맛이 나는 음식에는 당분이 들어 있는데 이 당분이 우리 몸 곳곳에 에너지를 전해 주거든요. 배가 고플 때 음식이 더 맛있고 달게 느껴지는 것도 우리 몸에 필요한 에너지를 공급받기 위해서랍니다.

단맛은 어디에서 올까?

자연에서 와요.

광합성을 하는 모든 녹색식물 속에는 단맛, 즉 당분이 들어 있어요.

녹색식물은 잎사귀에 있는 엽록소에서 빛을 흡수하여 에너지를 만드는데, 물과 이산화탄소로부터 포도당과 같은 당을 만들어내요.

녹색식물의 종류에 따라 단맛의 강도는 다르지만 우리가 즐겨 먹는 과일이나 채소에는 모두 단맛을 내는 설탕이 들어 있답니다. 녹색식물은 설탕 저장 창고인 셈이에요.

단맛의 최고봉, 설탕

설탕은 인간이 만들어낸 순수 자연식품이에요. 열대 지방에서 자라는 사탕수수와 온대 지방에서 자라는 사탕무에서 원료를 뽑아 만들거든요. 사탕수수나 사탕무에는 다른 녹색식물과는 비교도 할 수 없을 만큼 많은 양의 설탕이 들어 있어요.

이 설탕 원료를 뽑아 불순물을 걸러내고 사람들이 사용하기 편리하도록 가공한 것이 우리가 먹는 설탕이랍니다.

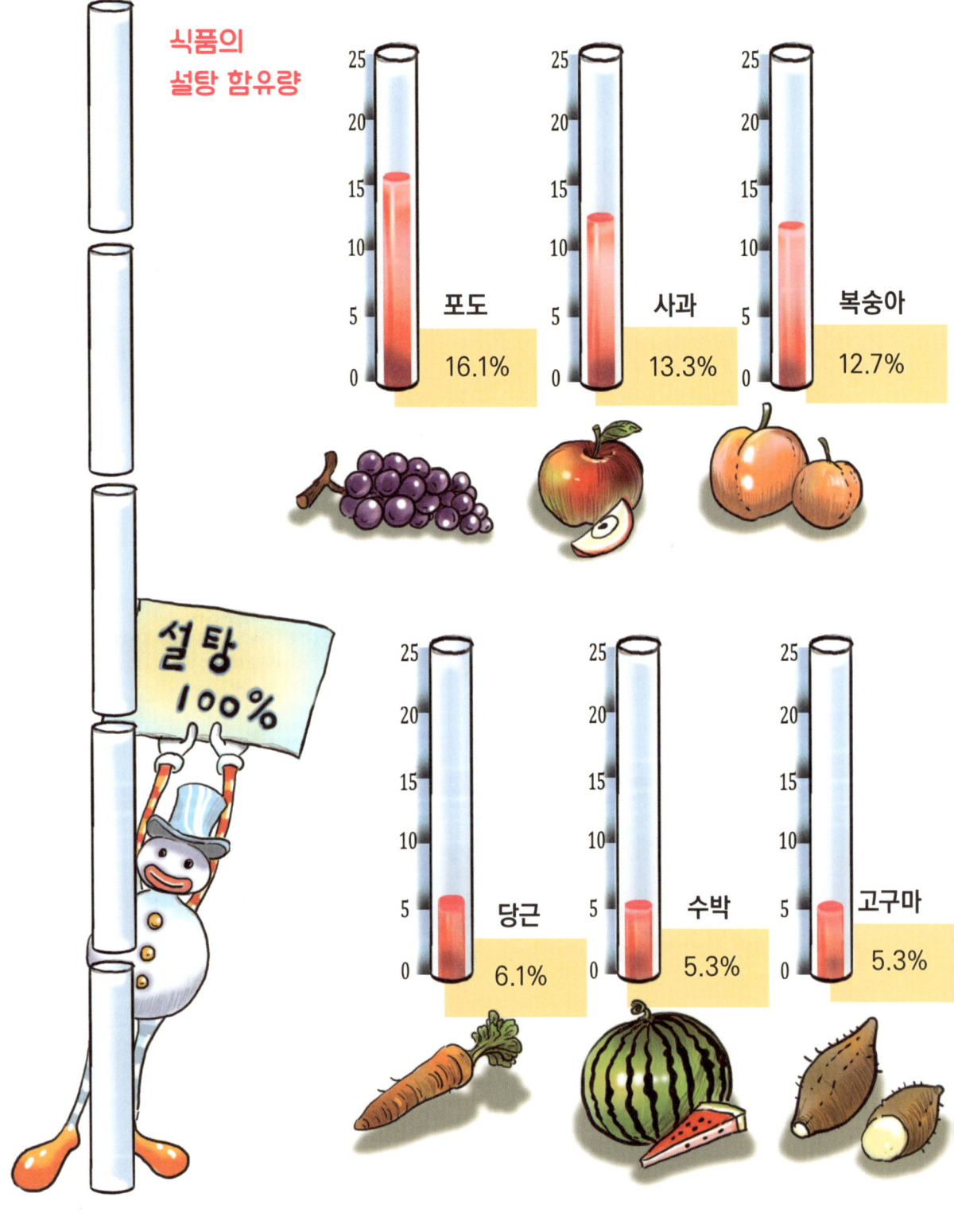

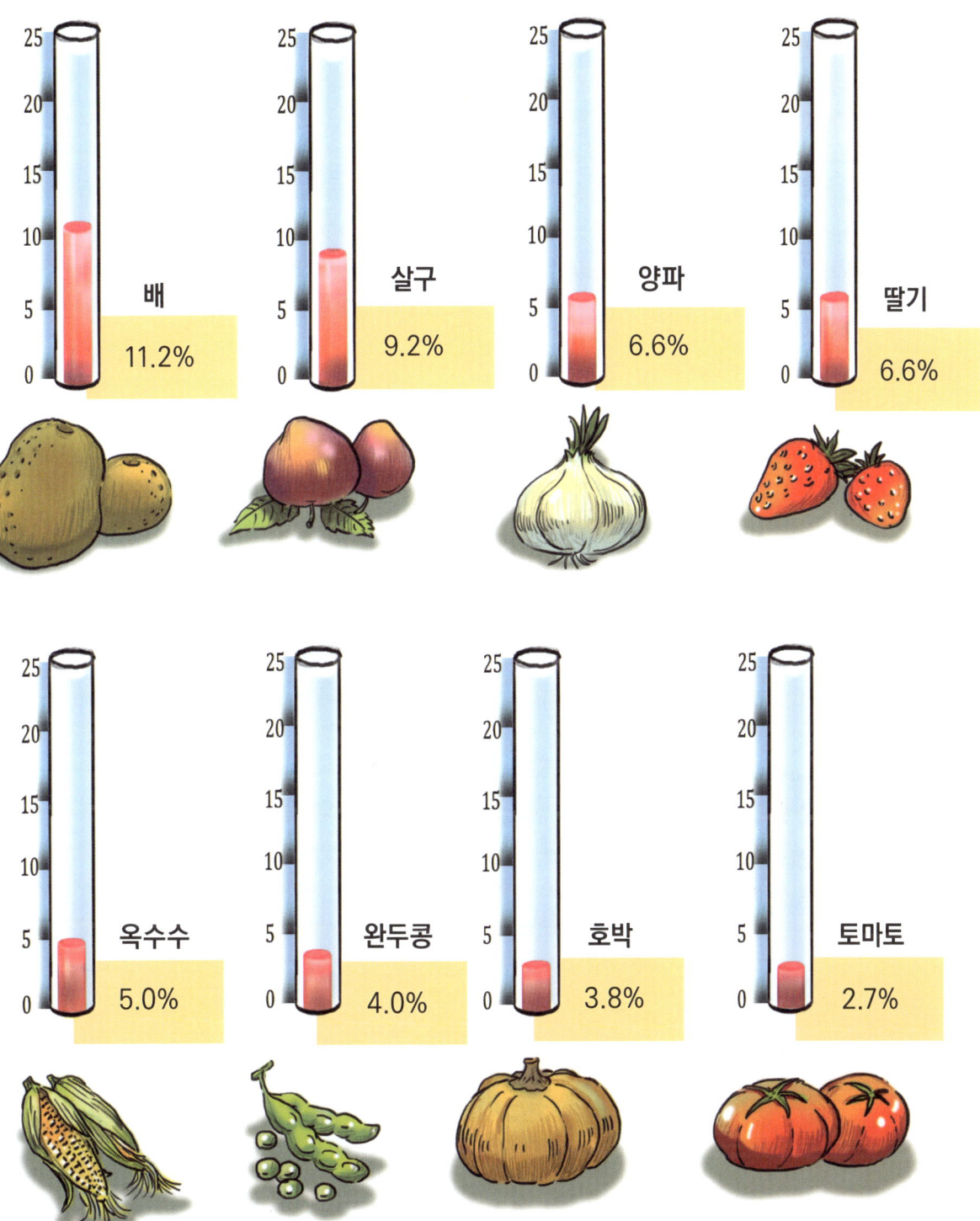

우리가 먹는 설탕

우리가 좋아하는 음식 대부분에는 설탕이 들어 있어요.
사탕이나 솜사탕은 주재료가 설탕이에요. 초콜릿, 아이스크림, 비스킷, 빵 등에도 설탕이 듬뿍 들어가요. 시원하게 목을 축여 주는 음료수에도 설탕은 빠질 수 없고요. 고기 요리 등 음식을 만들 때도 기본적으로 설탕이 들어가요. 일부러 설탕을 먹지 않아도 우리는 날마다 음식물과 함께 설탕을 먹고 있어요.

우리가 하루에 먹는 설탕의 양

설탕은 우리 눈에 보이는 설탕 형태로 직접 먹는 경우는 거의 없고, 대개 여러 가지 가공식품에 포함되어 눈에 보이지 않게 먹어요. 그래서 그 정확한 양을 가늠하기 어렵지요.

세계 보건 기구(WHO)에서는 과일과 우유 등을 제외한 설탕 섭취량을 하루 50g 미만으로 권장하고 있어요.

설탕이 내는 에너지

설탕은 우리 몸에 필수적인 에너지원으로 탄수화물의 원천이에요. 다른 식품들과는 달리 복잡한 소화 과정을 거치지 않고 먹는 즉시 포도당과 과당이 혈액 속으로 흡수되어 에너지원이 되지요.

3대 영양소의 칼로리 비교(단위 : 1g당)

탄수화물(설탕) = 3.75cal
단백질(육류) = 4.10cal
지방질(유지류) = 9.30cal

칼로리란?

열량의 단위로 cal로 표시해요. 1g의 물을 1℃ 올리는 데 필요한 에너지를 1칼로리(cal)라고 해요. 칼로리란 말은 '열'을 뜻하는 라틴어 칼로르(Calor)에서 유래했어요.

설탕 한 스푼의 열량은 약 4cal랍니다.

음식에 들어 있는 설탕(1회 제공기준량당 당함량)

탄산음료
19.90g/200mL

과일주스
21.94g/200mL

아이스케이크
20.19g/100mL

아이스크림
23.04g/100mL

사탕
7.11g/10g

비스킷
7.58g/30g

초콜릿
8.96g/30g

우리 몸과 설탕

우리 몸은 설탕을 좋아해요.
우리 몸이 움직이고 활동하는 데 필요한 에너지를 제공해 주기 때문이지요. 특히 우리 몸이 몹시 지쳐 있을 때 설탕은 신속하게 기운을 북돋아 줘요. 등산 갈 때 비상식량으로 사탕이나 초콜릿을 가져가는 것도 지친 몸을 빨리 회복하기 위해서지요.

설탕 속에는 포도당이 듬뿍

사람은 포도당이 없으면 살 수 없어요. 포도당은 핏속에 에너지를 공급하고 세포에 영양을 공급해 주거든요. 뇌는 설탕의 기본 원료 중 하나인 포도당과 산소를 에너지로 사용해요.

근육이 움직일 때도 포도당이 필요하고요. 심장도 근육으로 되어 있어 포도당이 없으면 뛸 수 없어요.

우리 몸에 설탕이 넘칠 때

설탕을 너무 많이 먹으면 우리 몸에 있던 중요한 영양소들이 모두 빠져나가 몸이 허약해져요.

우리 몸은 탄수화물을 소화하는 과정에서 비타민, 무기질, 칼슘 등 여러 영양소를 필요로 하는데 설탕은 거의 탄수화물뿐이에요.

사탕수수를 설탕으로 만드는 과정에서 다른 영양소들을 모두 없애고 새하얀 설탕, 탄수화물만 남겼거든요. 그래서 우리 몸이 설탕을 소화하기 위해서는 몸에 남아 있던 영양소들을 사용할 수밖에 없고, 많이 먹으면 중요한 영양소들을 잃게 되는 거예요.

우리 몸에 설탕이 부족할 때

우리 몸에 당이 모자라면 공복감을 느끼고, 어지럽고, 식은땀이 납니다. 심장 박동이 증가하고, 집중력이 떨어지며, 온순한 사람이 난폭해지기도 해요. 이럴 때는 빨리 과일주스, 각설탕, 사탕 등을 먹어 당을 보충해 주어야 해요.

설탕을 먹을 수 없는 사람들

설탕을 조심해서 먹어야 하는 사람들도 있어요.

당뇨병에 걸린 사람들은 설탕이 위험할 수 있어요. 당뇨병은 혈액 속에 포도당이 조절되지 않아서 생기는 병인데, 설탕을 먹으면 더 심해질 수 있어요. 설탕이 우리 몸에 아주 빠르게 흡수되기 때문이지요. 그래서 당뇨병에 걸린 사람들은 사탕이나 초콜릿, 음료수 등 설탕이 많이 들어간 음식을 피해야 해요.

비만에 걸린 사람들도 설탕을 적게 먹는 게 좋아요. 비만은 몸에 지방이 축적되어 생기는데, 설탕을 많이 먹으면 쓰고 남은 에너지가 지방으로 축적되어 더욱 살이 찔 수 있어요.

무가당 주스에는 설탕이 없다?

무가당 주스는 설탕이 없는 주스가 아니라 인위적으로 설탕을 첨가하지 않은 주스예요. 다시 말해 오렌지 자체에 들어 있는 설탕 성분은 그대로 포함된 것이지요.

2. 설탕은 무엇일까요?

입 안에 넣으면 사르르 녹는 설탕은
무엇으로 이루어져 있을까요?
작은 알갱이처럼 보여도
그 안에는 놀라운 과학이 숨겨져 있답니다.
더구나 설탕은 굉장한 힘을 가지고 있대요.
자, 신기한 설탕의 세계로
풍덩 빠질 준비가 되었나요?

설탕은 어떤 물질일까?

설탕의 화학적 성분은 자당(蔗糖, Sucrose)이며, 분자식으로 표현하면 $C_{12}H_{22}O_{11}$이에요.

이것은 설탕이 탄소 12개와 수소 22개, 산소 11개로 이루어졌다는 뜻이지요.

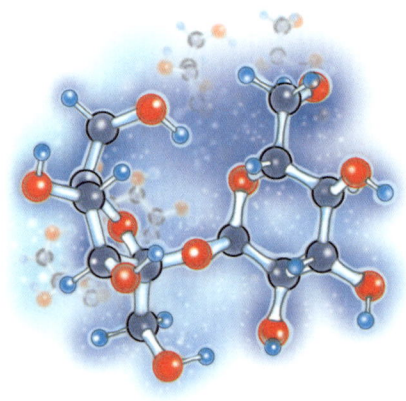

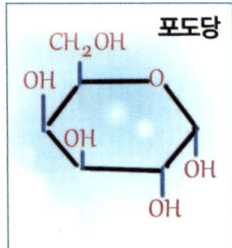
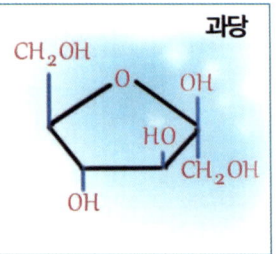
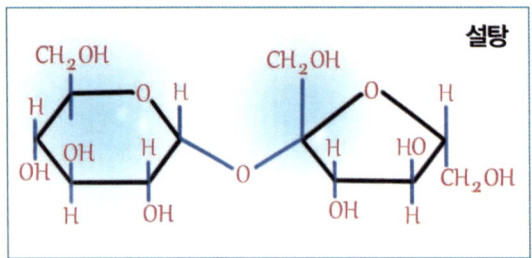

$C_{12}\ H_{22}\ O_{11}$

설탕 한 알

자당은 포도당 분자 하나와 과당 분자 하나가 결합한 것이에요. 달콤한 맛을 내며 결정시킬 수 있는 물질로서 순수하게 정제되었을 때는 순백색을 띱니다.

설탕의 맛과 색깔

설탕이 단맛을 내는 이유는 자당 속에 단맛이 들어 있기 때문이에요. 설탕이 하얀색을 띠는 건 원료당을 정제할 때 사용하는 활성탄이 불순물을 걸러내면서 색소도 함께 뽑아 버리기 때문이지요. 원료당에는 여러 불순물과 당밀이 섞여 있어 짙은 갈색이나 붉은색, 검은색을 띠지만, 순수한 설탕은 흰색이랍니다.

설탕은 물을 좋아해요

설탕은 물을 빨아들이는 성질이 있어요. 그래서 축축한 곳에 설탕을 오래 두면 딱딱하게 굳는데, 이럴 때는 부숴서 사용하면 된답니다.

설탕은 물에 녹아요

설탕을 물에 녹이면 고르게 섞여 설탕물이 만들어져요. 이것을 설탕이 물에 '용해되었다'라고 하지요.

설탕의 성질

설탕의 단맛은 다른 맛과 섞였을 때 다른 맛을 완화하고 감미롭게 해요. 커피에 설탕을 넣어 마시는 것은 커피의 쓴맛을 완화하기 위해서지요. 생선 찜을 할 때도 설탕을 넣으면 비린내가 없어져서 맛있게 먹을 수 있답니다.

설탕의 방부력

설탕은 음식물이 부패하는 것을 막아 줘요. 음식물을 부패하게 하는 미생물들은 물이 있어야 사는데 설탕이 물을 흡수해 버리기 때문에 번식할 수 없는 거지요. 그래서 설탕이 듬뿍 들어간 과자나 쨈 등은 쉽게 썩지 않는답니다.

설탕의 유통 기한

설탕은 포장지를 아무리 살펴도 유통 기한을 찾을 수 없습니다. 오랜 시간이 지나도 상할 걱정이 없기 때문에 식품위생법상 유통 기한이 정해져 있지 않답니다.

설탕과 열

설탕을 180℃ 이상 가열하면 포도당과 과당으로 분해되고, 계속 가열하면 갈색으로 변하면서 녹아요. 마지막에는 캐러멜이 되지요.

설탕의 발효성

설탕은 효모에 의해서 발효가 되기 때문에 과실주나 빵을 만드는 데 사용합니다. 또 김치를 담글 때 설탕을 적당량 넣으면 김치 맛이 좋아져요.

젖산균이 설탕을 먹고 배출한 물질은 설탕이 아닌 다른 것으로 변하기 때문이지요. 과학자들은 이를 '설탕 발효'라고 한답니다.

설탕과 거품 유지

생크림과 달걀 흰자위로 크림을 만들 때 설탕을 넣으면 거품이 잘 일고 오래 보존할 수 있습니다. 설탕이 물을 흡수하기 때문이지요.

설탕과 소금 혼합물의 분리

설탕과 소금은 비슷한 점이 많아요.

둘 다 흰색의 작은 알갱이로 물에 잘 녹고 부서지기 쉽지요. 그래서 설탕과 소금이 섞여 있을 때는 분리가 어렵습니다.

감칠맛을 더해 주는 설탕 사용법

　요리를 할 때 맛을 내는 재료는 설탕, 소금, 식초, 간장, 된장 순으로 넣는 게 좋습니다.
　소금에는 음식 재료를 단단하게 응고시키는 성질이 있어 설탕을 나중에 넣으면 음식물 속까지 스며들지 못합니다.

설탕의 민간요법

의학이 발달하지 않았던 시절에는 설탕이 질병을 치료하는 데도 쓰였어요. 설탕 속 성분이 통증을 완화하고 진정시키는 효과가 있기 때문이지요.

아프리카의 설탕 치료법

아프리카에서는 몸에 상처가 나면 다친 부위에 설탕을 뿌려 줍니다. 그러면 신기하게도 고통이 줄어들고 상처가 낫기 시작하는데, 이것은 설탕이 상처 부위의 물을 빨아들이기 때문이지요. 세균이나 박테리아가 생존할 수 없을 만큼 설탕이 물을 흡수해 버린 거예요.

복통이나 설사에 좋은 설탕물

설사하게 되면 우리 몸의 수분이 빠져나가요. 그럴 때 설탕물을 마시면 수분이 보충되고, 장이 안정을 되찾게 된답니다.

숙취 해소

술을 많이 마셨을 때는 설탕물이나 꿀물을 마시면 도움이 됩니다. 설탕이 알코올의 대사를 촉진하는 효과가 있기 때문이지요.

딸꾹질이 날 때

허리를 곧게 펴고 앉아 물을 마신 다음 설탕 한 티스푼을 혀에 올려놓고 천천히 녹여서 먹습니다. 그러면 우리 몸의 신경이 강한 단맛에 자극되어 그것에 반응하느라 딸꾹질이 멈춥니다.

설탕이 만병통치약?

16세기까지만 해도 설탕은 왕실이나 귀족만 이용하는 의약품이자 향신료였어요. 14세기 유럽인들은 설탕이 페스트에도 효과가 있다고 생각했어요.

1500년대 중반 독일 의사 타버네몬타누스는 "설탕이 피를 맑게 하고 몸을 건강하게 할 뿐만 아니라 마음까지 즐겁게 해 준다."라고 했답니다. 설탕이 '만병통치약'으로 통했던 거지요.

심판대에 오른 설탕

12세기에는 그리스도교에서 정한 단식 기간에 설탕을 먹는 것이 율법 위반이냐, 아니냐는 논쟁이 벌어졌어요.

그러자 이탈리아의 신학자 토마스 아퀴나스가 "설탕은 식품이 아니라 소화 촉진 등을 위한 약품이므로 이것을 먹는다고 단식을 어겼다고 볼 수는 없다."라고 결론을 내렸답니다.

설탕 대체 감미료의 세계

식품 포장지에 쓰인 성분 표시를 잘 살펴보세요. 설탕이 없다고요? 그럼 설탕 대신 쓰이는 '대용 설탕'이 들어 있을 거예요. 우리나라에서 사용이 허가된 감미료는 스테비오사이드와 사카린, 아스파탐 등이 있어요.

파라과이 원주민의 감미료, 스테비오사이드

스테비아라는 식물에서 얻은 천연 감미료로, 설탕보다 300배나 더 강한 단맛이 나요.

스테비아는 파라과이, 아르헨티나, 브라질 등의 산간 지대에서 자라는데, 뒷맛이 약간 씁쓸해요. 뻥튀기, 술, 간장 등에 조금씩 들어가요.

청량음료 첨가물, 아스파탐

아스파탐은 우리나라에서 가장 많이 쓰이고 있는 인공 감미료예요. 설탕보다 200배 더 강한 단맛을 내는데, 열을 가하면 단맛을 잃기 때문에 청량음료에 많이 넣어요.

포도, 오렌지와 같은 과일 향을 한층 더 강하게 만들어 주지요.

미국의 대표 감미료, 옥수수 시럽

미국에서는 20세기 중반에 옥수수 시럽이 등장했어요.

옥수수 시럽은 옥수수의 녹말로 만드는데 과당의 함유량이 높고 설탕보다 75% 정도 더 달아요. 미국은 감미료로 설탕보다 옥수수 시럽을 더 많이 사용한답니다.

자일리톨

1890년대에 처음 알려진 자일리톨은 식물에서 뽑아낸 천연 감미료예요. 설탕과 비슷한 단맛이 나며 당도도 설탕과 비슷해요.

제2차 세계 대전 중 핀란드에서 개발되었는데 자작나무에 많이 들어 있어 '자작나무 설탕'이라고도 부른답니다.

자일리톨은 충치를 예방해요

자일리톨은 충치균을 약화하고 당의 발효를 막아서 충치의 원인을 제거해요. 그러나 자일리톨이 충치균 자체를 없애 주는 것은 아니기 때문에 양치질을 한 뒤 자일리톨 껌을 씹어야 제대로 효과를 볼 수 있답니다.

손이 닿는 것마다 단맛으로 변한다?

독일의 화학자 콘스탄틴 팔베르크는 1879년 여름, 연구실에서 실험을 하고 집으로 돌아와 저녁을 먹었어요. 그런데 그날따라 유독 빵이 달고 손으로 집어 먹는 음식마다 단맛이 나는 거예요. 마치 미다스의 손이 닿는 것마다 황금으로 변했듯이 팔베르크의 손이 닿는 것마다 달콤한 음식이 된 거예요. 팔베르크는 즉시 연구실로 달려가 단맛의 정체를 확인했어요. 설탕보다 300~500배 정도의 강력한 단맛을 내는 '사카린'은 이렇게 해서 만들어졌답니다.

감미료의 당도 비교(설탕을 100으로 정해 기준으로 삼음)

물질	포도당 (글루코오스)	설탕 (자당)	과당 (프룩토오스)	아스파탐	스테비오사이드	사카린
당도	74	100	173	20000	30000	50000

3. 설탕의 고향은 어디일까요?

여러분의 고향은 어디인가요?
누구에게나 떠올리면
마음 따뜻해지는 고향이 있답니다.
어이쿠, 설탕이 친절하게도
자기 고향을 알려 주겠다며 따라오랍니다.
그럼, 설탕이 어떻게
만들어지는지 살펴볼까요?

설탕의 원료

설탕의 원료는 사탕수수, 사탕무, 사탕단풍 등이에요. 재배는 농장에서 하지만 가공은 공장에서 해요. 농업과 공업이 만나 설탕을 만들어내는 것이지요.

사탕수수(Sugar Cane)

사탕수수의 원산지는 뉴기니를 비롯한 태평양 남서부 지방이에요. 사탕수수는 다 자라면 키가 무려 2~6m에 이르러요. 줄기에는 대나무나 갈대

처럼 마디가 있는데, 이 줄기 부분에 설탕의 주성분인 자당이 10~20% 정도 들어 있어요. 인도, 태국(타이), 중국, 호주, 미국 등 태평양 서부 지역과 쿠바, 멕시코, 브라질 등 중남미 지역에서 재배해요.

사탕무(Sugar Beet)

사탕무의 원산지는 동부 지중해 연안과 중앙아시아예요. 사탕무는 우리나라의 무와 거의 비슷한데 뿌리에 설탕의 주성분인 자당이 15~20% 정도 들어 있어요. 독일, 프랑스, 네덜란드 등 중부 유럽과 스칸디나비아반도, 폴란드, 우크라이나, 러시아, 미국, 일본 등이 주요 생산국이에요.

사탕단풍(Sugar Maple)

사탕단풍의 원산지는 북아메리카예요. 키는 약 40cm이며, 가을에 노란빛을 띤 붉은 단풍이 들어요. 캐나다는 국기에 사탕단풍 잎이 그려져 있을 정도로 사탕단풍이 유명해요. 이른 봄에 사탕단풍 수액을 받아 설탕을 만드는데, 메이플 시럽과 메이플 슈거가 있어요.

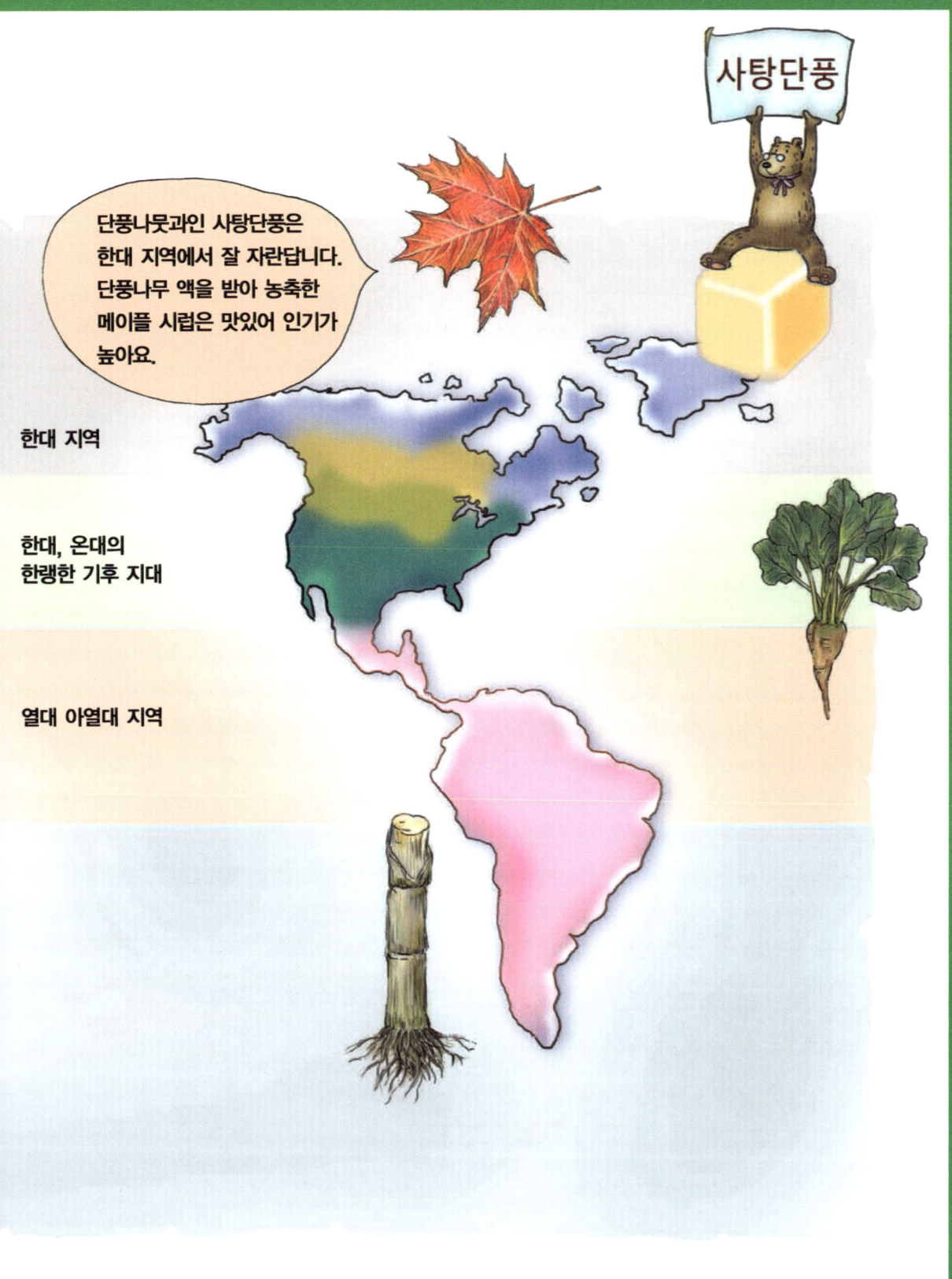

원당의 제조 과정

사탕수수와 사탕무는 재료의 특성에 따라 약간의 차이는 있지만 비슷한 제조 과정을 거쳐 원당을 만들어요. 원당은 다시 여러 공정을 거쳐 설탕이 되지요.

사탕수수에서 원당을 얻어요

사탕수수가 원당이 되는 과정은 크게 분쇄, 불순물 걸러내기, 결정화, 분리의 네 단계로 이루어집니다.

분쇄
사탕수수 줄기를 잘게 썰어 즙을 짜요.

불순물 걸러내기
즙에 석회를 넣어 불순물을 걸러내요.

결정화
그다음 끓이면 점점 농축되면서 결정이 생겨요.

분리
결정에서 당밀을 분리해요.

옛날에는 사탕수수 즙을 이렇게 짰어요

〈사탕수수 즙을 짜내는 농부〉
작자 미상, 프랑스국립박물관연합(RMN), 제작 연도 1701년~1800년경

맷돌은 사탕수수 줄기를 꽉꽉 짜내는 데 큰 역할을 했어요. 맷돌에 잘게 자른 사탕수수 줄기를 넣고 돌리면 노르스름한 즙이 흘러내렸지요.

사탕무에서 원당을 얻어요

사탕무가 원당이 되는 과정은 당액 추출, 불순물 걸러내기, 결정화의 세 단계로 이루어집니다. 사탕무에는 당밀이 없기 때문에 당밀을 분리하는 과정이 없습니다.

당액 추출
사탕무를 얇게 썰어 더운물로 당분을 추출해요.

불순물 걸러내기
당액에 석회를 넣어 불순물을 걸러내요.

결정화
농축하여 결정을 만들어요.

사탕단풍나무에서는 어떻게 설탕을 얻을까?

이른 봄 사탕단풍나무 줄기에 대롱을 박아 사탕단풍나무 액을 모아요. 이 수액을 끓이면 단풍 시럽이 나오는데, 흔히 메이플 시럽이라고 부르지요. 이 시럽을 더 오래 끓이면 단풍 설탕, 즉 메이플 슈거가 된답니다.

설탕의 제조 과정

우리나라에서는 원당을 수입해서 설탕을 만들어요. 원당이 설탕이 되는 과정을 따라가 봐요. 설탕은 세당, 정제, 결정화, 분리, 건조, 포장 단계를 거쳐 만들어집니다.

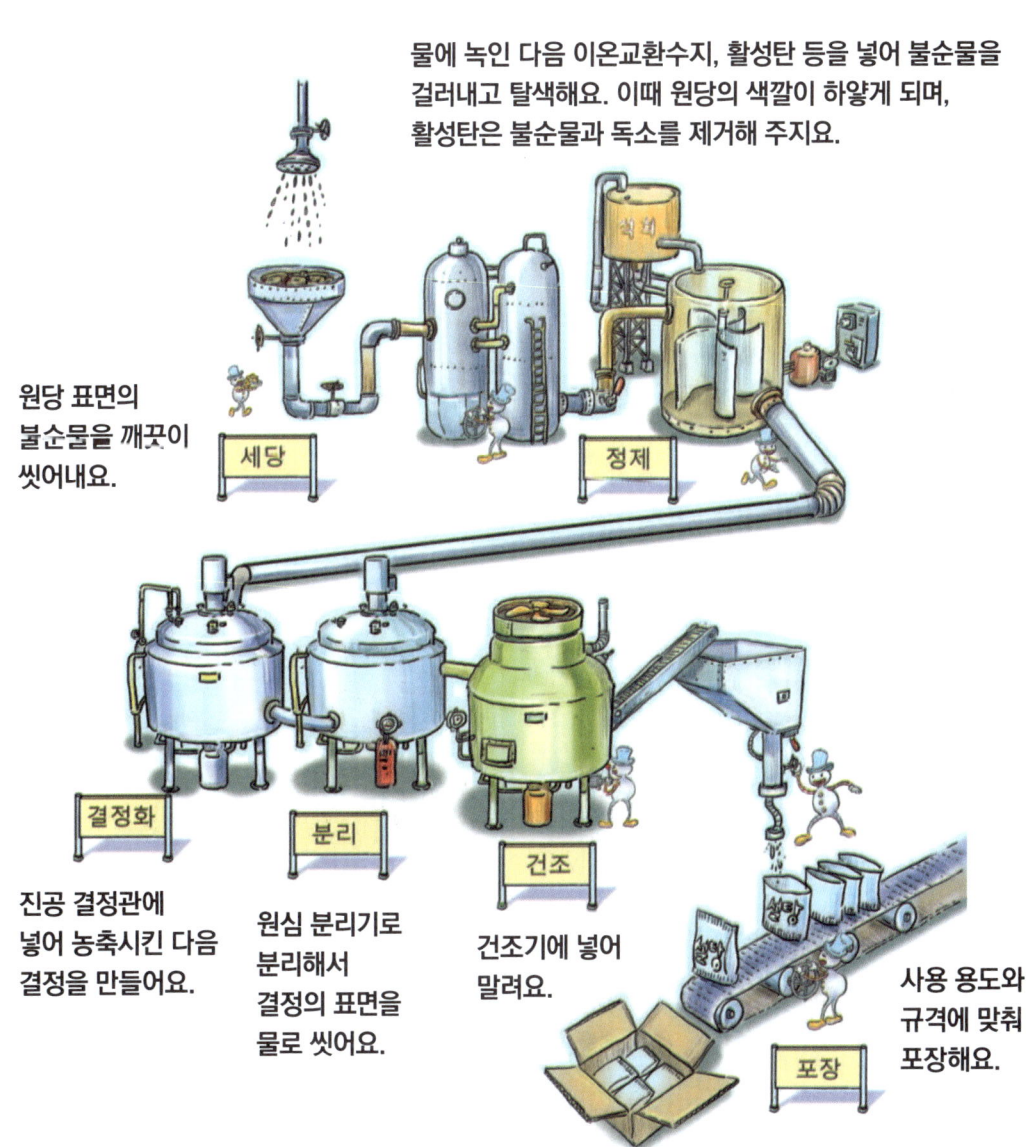

물에 녹인 다음 이온교환수지, 활성탄 등을 넣어 불순물을 걸러내고 탈색해요. 이때 원당의 색깔이 하얗게 되며, 활성탄은 불순물과 독소를 제거해 주지요.

원당 표면의 불순물을 깨끗이 씻어내요.

세당

정제

결정화

분리

건조

포장

진공 결정관에 넣어 농축시킨 다음 결정을 만들어요.

원심 분리기로 분리해서 결정의 표면을 물로 씻어요.

건조기에 넣어 말려요.

사용 용도와 규격에 맞춰 포장해요.

설탕 보관법

설탕은 쉽게 변하지 않기 때문에 몇 가지만 주의하면 반영구적으로 사용할 수 있어요.

첫째, 습기를 잘 빨아들이기 때문에 습기가 없어야 해요.

둘째, 개미와 같은 곤충들이 좋아하기 때문에 밀폐 용기에 담는 게 좋아요.

셋째, 빛을 받으면 녹을 수 있으니 직사광선을 받지 않는 건조한 곳에 두는 게 좋아요.

설탕 200% 활용법

설탕을 일반적인 양보다 더 적게 넣고 싶을 때는 믹서에 갈아 고운 가루로 만들어 쓰세요. 평소 쓰던 양의 1/3만 넣어도 똑같은 단맛을 느낄 수 있답니다.

단맛은 어떻게 측정할까요?

　온도계와 같은 측정기가 따로 있는 것일까요? 아니에요. 아직 단맛 측정기는 사람의 혀뿐이랍니다. 일정한 부피의 물에 설탕 100g을 녹인 용액과 당도를 측정하려는 물질을 녹인 용액의 맛을 비교하지요.

　한 사람의 혀를 하루에 한 번만 이용해야 정확히 측정할 수 있다니, 엄청나게 많은 사람이 필요하겠지요?

설탕의 종류

설탕은 가공 과정과 빛깔과 모양에 따라 다양한 종류가 있어요.

분밀당과 함밀당

원당을 가공하는 과정에서 당밀을 분리했느냐, 아니냐에 따라 분밀당과 함밀당으로 나뉘어요. 흰 설탕은 분밀당이고, 흑설탕은 대표적인 함밀당이에요.

백설탕(White Sugar)

우리가 흔히 먹는 흰 설탕으로, 정백당이라고도 해요. 백설탕은 재료가 가지고 있는 고유한 빛깔과 맛을 변질시키지 않고 뒷맛이 깨끗하기 때문에 가장 많이 쓰여요. 대부분의 사탕, 과자, 아이스크림 등에 들어 있어요.

흑설탕(Dark Brown Sugar)

당밀을 분리시키지 않아 색깔이 검거나 붉어요. 무기질과 비타민이 들어 있고 불순물이 섞여 있기 때문에 독특한 맛과 향이 나지요.

약식, 약과, 양갱, 수정과, 한식 등 고유의 음식과 잘 어울리고 고기를 재울 때 넣으면 더욱 감칠맛이 나요.

분당(Powdered Sugar)

설탕을 곱게 빻아 밀가루처럼 부드럽게 만들어서 가루설탕, 또는 슈거파우더라고 불러요. 케이크, 아이스크림, 쿠키 등을 장식하는 데 사용해요.

각설탕(Cube Sugar)

정육면체 모양의 설탕으로, 한 변의 길이가 18mm인 보통형과 15mm인 소형이 있어요.

커피나 홍차 등에 넣으면 사르르 녹아요. 보통 각설탕 한 개가 티스푼 하나에 해당하는 단맛을 낸답니다.

얼음설탕(Rock Sugar)

얼음덩어리처럼 생겨서 붙여진 이름이에요. 빙당(氷糖)이라고도 하지요. 물에 천천히 녹기 때문에 과일주를 담글 때 써요.

4. 설탕의 역사

'최초'라는 말에는 왠지 모를
설렘과 위대함이 느껴지지 않나요?
우리에게 단맛의 기쁨을 주는
설탕은 맨 처음 어디에서 만들어졌을까요?
그 기원을 따라가려면
머나먼 시간 여행을 해야 해요.
여러분, 발을 힘차게 내디뎌 보아요!

옛날 사람들도 설탕을 먹었을까?

아주 먼 옛날 사람들은 어떻게 설탕을 찾아냈을까요? 설탕은 식물의 줄기나 잎, 열매 등에 꼭꼭 숨어 있기 때문에 찾아내기가 힘들었을 거예요. 하지만 옛날 사람들도 단것을 즐기고 좋아했답니다.

채집하던 사람들과 설탕

인류 최초의 사람들은 풀을 뜯거나 나무 열매를 따 먹고 살았습니다. 처음에는 주린 배를 채우기 위해 닥치는 대로 먹었지요.

하지만 차츰 독성이 있는 것과 없는 것, 쓴맛이 나는 것과 단맛이 나는 것, 떫은 것과 신 것 등을 구분하기 시작했습니다. 그러면서 점차 단맛이 나는 식물이나 열매가 맛있고, 먹으면 힘이 난다는 사실을 깨달아갔지요.

농사를 짓던 사람들과 설탕

1만 2000년 전 사람들은 농사를 짓고 동물을 기르기 시작했어요. 그 사람들은 벼나 밀을 재배했는데 이런 곡식에는 설탕이 들어 있답니다.

농사가 발전하자 한국, 중국, 일본 등 동양 사람들은 곡식을 이용하여 조청, 식혜, 엿 같은 단 음식을 만들어 먹었어요. 이집트, 그리스, 로마 등 서양 사람들은 꿀을 이용해 사탕을 만들어 먹었고요.

벌이 미리 소화시킨 설탕, 꿀

꿀은 벌이 꽃에서 빨아들인 설탕을 위에 저장했다가 다시 토해낸 거예요. 인류 최초의 감미료라 부르는 꿀을 고대 그리스에서는 신들의 식량이라 했고, 로마인들은 하늘에서 내린 이슬로 여겼지요.

벌이 1kg의 꿀을 만들기 위해서는 무려 560만 개의 꽃을 찾아다녀야 한답니다.

최초의 설탕

아주 먼 옛날에는 설탕을 아주 귀하게 여겼습니다.
꿀은 구하기가 어렵고, 사탕수수나 사탕무는 특정 지역에서만 자라는 식물이었거든요.

설탕의 고향

설탕의 원료인 사탕수수가 처음 재배된 곳은 태평양 남서부의 뉴기니예요.

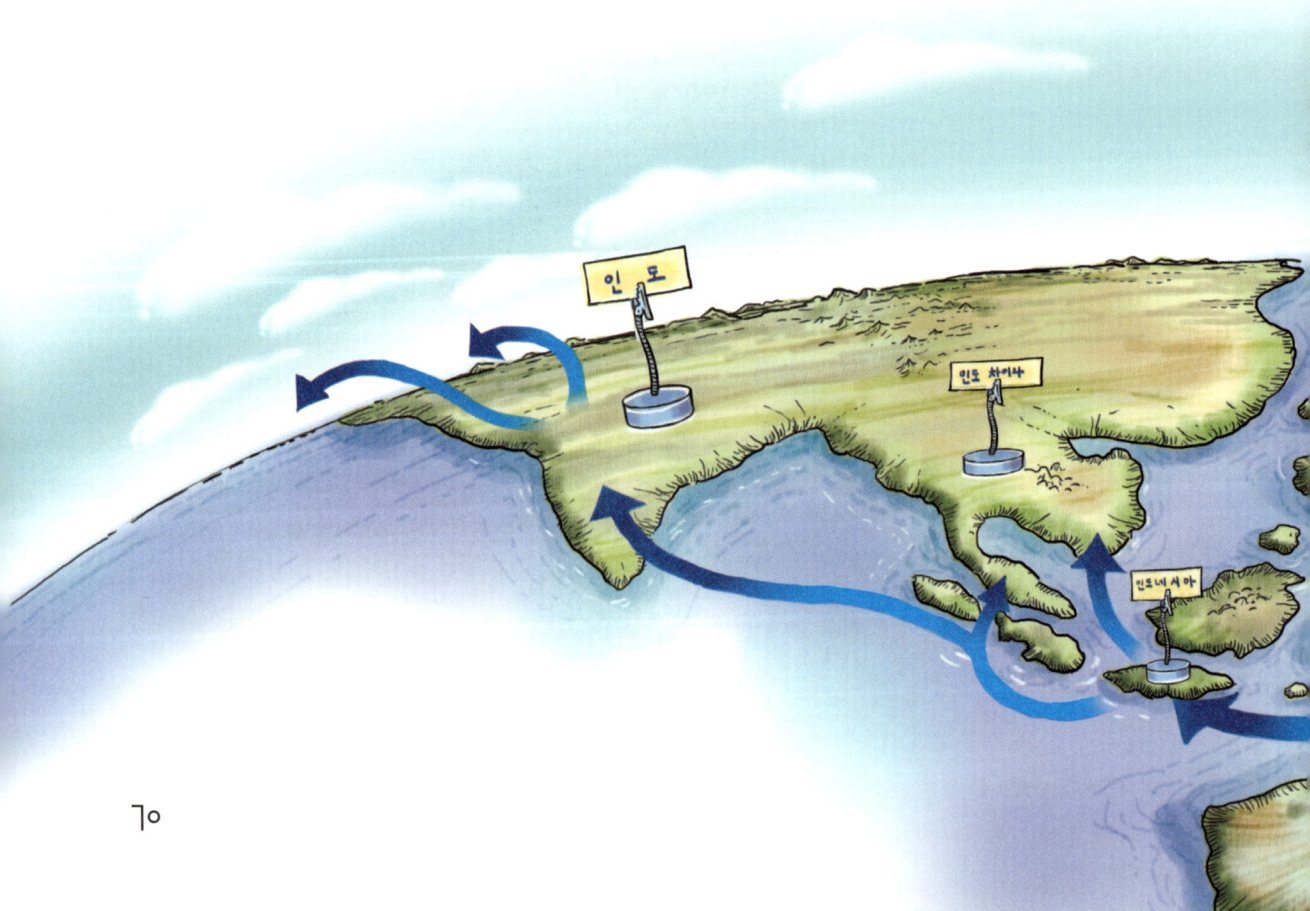

기원전 8000년쯤에 재배를 시작하여 뉴기니섬 동북쪽에 있는 솔로몬 제도로, 다시 동남쪽의 뉴헤브리디스 제도로 퍼져 나갔어요.

기원전 6000년쯤에는 서쪽으로 이동하여 인도네시아와 필리핀을 거쳐 마침내 최초의 설탕 생산국인 인도에 도착했지요.

최초의 설탕 생산국, 인도

기원전 320년에 인도를 다녀온 그리스인 메가스테네스는 설탕을 '돌꿀'이라고 소개했어요.

최초의 설탕은 사탕수수 즙을 끓여 햇볕에 말린 덩어리였던 거예요.

5세기의 힌두교 문헌들에는 '수액을 끓이고 당밀을 만들고 설탕 덩어리를 굴린다.'라는 제조 과정이 등장해요.

사탕수수의 기원 설화

옛날 폴리네시아에 두 어부가 살았는데 그물에 대나무 모양의 막대기가 걸렸어요. 두 어부는 쓸모없는 막대기라 생각하여 바다에 던져 버렸는데, 사흘 뒤에 다시 그 막대기가 걸리자 신비하게 생각하여 땅에 심었어요. 막대기가 쑥쑥 자라 꽃봉오리가 터지더니 한 여자가 나왔어요. 여자는 낮에는 어부들을 위해 요리하고 밤이 되면 꽃 속으로 들어갔어요.

이 어부들이 심은 막대기가 바로 사탕수수랍니다. 여자는 사탕수수가 선물한 맛있는 음식, 즉 설탕을 상징해요.

설탕의 전파

인도의 설탕은 서쪽으로는 페르시아, 동쪽으로는 중국으로 전파되었어요.

중국에 전해진 설탕

사탕수수나 설탕이 중국에 전해진 시기는 정확하지 않지만, 대략 기원전 800년쯤으로 추정해요. 사탕수수가 본격적으로 수입된 것은 5세기 무렵이고요.

한때 중국에서는 인도에서 수입한 하얀 케이크 모양의 설탕이 가장 비싼 상품이었어요. 7세기에 중국은 인도에서 설탕 제조 기술을 배워왔지만 인도의 설탕처럼 달게 만들지는 못했답니다.

설탕의 세계화에 힘쓴 마호메트

630년쯤, 마호메트는 이슬람교를 전파하기 위해 전쟁을 벌였는데 정복지 페르시아에서 사탕수수에 매료되었어요. 그 뒤 정복지마다 사탕수수를 가지고 갔지요. 710년에는 군대와 함께 이집트에 들어갔어요.

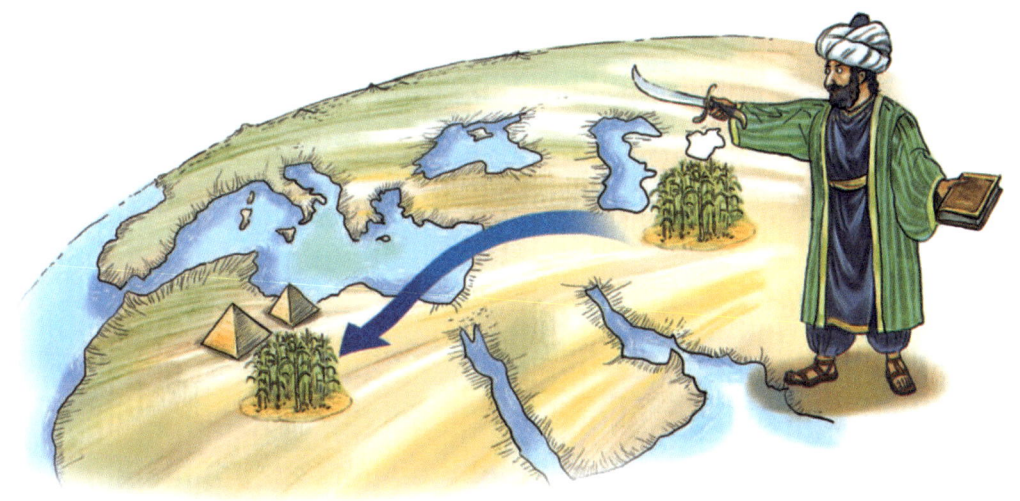

이집트인들은 고도로 발달한 농업 기술과 화학 지식으로 사탕수수 재배 기술과 세척, 결정화, 정제 등의 설탕 생산 과정들을 발전시켰어요.

사탕수수는 계속 서쪽으로 이동해 북아프리카를 가로질러 모로코에 이르렀고, 755년에는 마침내 지중해를 넘어 스페인 남부까지 이동했어요.

유럽에 설탕을 전파한 아랍

8세기 아랍인들이 스페인을 정복하면서 유럽에 설탕이 전해졌어요.

유럽에서는 설탕을 감미료가 아닌 향신료로 구분했으며 음식에 넣을 때도 향신료처럼 조금만 사용했어요. 당시 설탕은 값이 비싸 왕족이나 귀족들만 사용할 수 있는 사치품이었어요.

11~13세기까지 벌어진 십자군 전쟁은 설탕 전파에 큰 역할을 했어요. 유럽인들은 아랍으로부터 설탕뿐 아니라 설탕 제조 기술까지 받아들여 시칠리아 등의 지중해 지역에서 사탕수수를 재배하기 시작했답니다.

아메리카에 사탕수수를 이식한 콜럼버스

1493년 콜럼버스는 아메리카 대륙을 항해하면서 카나리아 제도의 사탕수수를 카리브해의 아이티섬으로 가져갔어요. 사탕수수는 아이티섬을 시작으로 쿠바, 자메이카 등 카리브 전역과 페루, 브라질, 콜롬비아, 베네수엘라 등으로 계속 퍼져 나갔어요.

사탕무의 발견

사실 사탕무는 수천 년 동안 채소로 쓰이거나 콧병, 인후염, 변비 등의 치료제로 사용되었어요. 그런데 1747년 독일의 화학자 마르그라프가 최초로 사탕무에서 설탕을 뽑아냈어요. 하지만 제조 과정에 돈이 많이 들어 실험실에 갇혀 지내다가, 1801년에 이르러서야 본격적인 사탕무 설탕 공장이 설립되었답니다.

사탕무를 사랑한 나폴레옹

사탕무 설탕은 나폴레옹 덕분에 급속히 발달했어요. 나폴레옹은 영국 경제에 타격을 주기 위해 영국과 통하는 대륙의 모든 항구를 폐쇄하는 '대륙 봉쇄령'을 선언했어요.

모든 유럽 국가가 영국과 교역하지 못하도록 막은 거지요. 그러자 영국은 유럽에 설탕을 팔지 않겠다고 맞섰어요. 나폴레옹은 정치적 생명을 걸고 사탕무 설탕을 대폭 지원했어요. 유럽에 필요한 설탕을 사탕무에서 얻으려고 한 거지요.

그 결과 사탕무를 가축의 먹이쯤으로 여기던 지역까지 사탕무 설탕이 전해져 유럽 대륙 곳곳의 보편적인 산업으로 발전했어요.

설탕 시장

아메리카 대륙으로 들어간 사탕수수는 설탕 산업으로 발전해 나갔어요. 1600년 무렵 아메리카 대륙의 설탕 생산은 세계에서 가장 큰 산업인 동시에 엄청난 돈벌이가 되는 산업이 되었어요.

유럽 사람들이 썼던 설탕

유럽에서는 16세기까지 설탕이 사치품이자 아주 귀한 의약품이나 향신료였어요. 왕은 식탁 위에 설탕 그릇을 올려놓는 것으로 자신의 부를 과시하기도 했지요. 영국에서는 1.5kg의 설탕으로 송아지 한 마리를 살 수 있을 정도였어요.

종교 개혁과 설탕

꿀 생산을 담당했던 수도원이 16세기 종교 개혁의 대상이 되면서 꿀 생산이 급격히 줄어들었어요. 반면에 설탕은, 값은 비싸지만 충분히 공급되었고 수요도 늘었어요. 설탕이 음식을 오래 보존하는 역할을 하고 그러한 성질을 이용해 잼을 만들 수 있다는 사실이 널리 퍼졌거든요.

설탕으로 노예를 샀어요

설탕 산업이 발전함에 따라 아메리카에는 일할 사람이 많이 필요했어요. 그래서 유럽에서 나는 옷감이나 철기구 등을 아프리카에 실어다 주고 노예들을 사 왔지요.

노예들은 1863년 노예 해방이 될 때까지 사탕수수 농장에서 강제로 일했어요. 그렇게 만들어진 설탕은 유럽으로 건너갔고요. 설탕이 유럽과 아프리카와 아메리카 대륙을 잇는 삼각 무역을 탄생시킨 거예요.

흰 화물과 검은 화물

유럽과 아프리카와 아메리카를 잇는 삼각 무역으로 대서양은 화물을 가득 실은 배들로 분주했어요.

사람들은 아메리카에서 유럽으로 실려 가는 설탕을 흰 화물이라 불렀고, 아프리카에서 아메리카로 실려 오는 노예를 검은 화물이라 불렀어요. 흰 화물과 검은 화물은 얼마나 많은 설탕이 유럽으로 가고, 얼마나 많은 노예가 아메리카로 끌려왔는지를 말해 주지요.

노예 무역과 설탕 산업

사탕수수는 일단 베어내면 빠른 속도로 변하기 때문에 신속하게 수액을 뽑아내야 해요. 사탕수수가

다 자라면 바로 베어야 하고, 베고 나면 바로 갈아서 설탕으로 가공해야 하지요.

이 모든 과정은 한 장소에서 거의 동시에 이루어지기 때문에 아주 치밀한 계획을 세워 빠른 시간 내에 이루어져야 합니다.

아프리카에서 끌려온 노예들은 엄청난 무더위 속에서 채찍을 맞아가며 아무런 대가도 없이 일했어요.

설탕 산업의 발전은 이 노예들의 희생으로 얻어진 것이지요.

보스턴 차 사건과 미국 독립 혁명

17세기 초 영국은 자국의 경제를 보호하기 위해 아메리카로 건너간 청교도들에게 설탕과 차 등에 많은 세금을 부과했어요. 화가 난 사람들은 보스턴 앞바다에서 차 상자를 모두 바다에 던져 버렸지요.

영국이 설탕과 차에 매긴 세금이 미국 독립 전쟁의 불씨가 되었던 거예요.

우리나라에 들어온 설탕

우리나라는 오랜 옛날부터 엿을 만들어 먹었어요. 엿은 쌀이나 호박, 고구마 같은 곡식에 엿기름을 넣어 발효시켜 만드는데 입에서 살살 녹는답니다.

우리나라 사람들은 언제부터 설탕을 먹었을까?

통일신라시대로 미루어 짐작해요. 일찍이 인도로부터 사탕수수 재배법과 설탕 제조법을 배운 중국은 당나라 때 사치품이긴 하지만 설탕이 널리 유통되었어요.

그래서 당나라와 밀접한 관계를 맺었던 통일신

라에도 설탕이 들어오지 않았을까 짐작하는 거예요. 하지만 문헌상의 기록은 없답니다.

설탕에 대한 우리나라 최초의 기록

고려 말에 이인로가 쓴 《파한집》이라는 책에 남아 있어요. 원나라로부터 수입한 물품 중 하나로 설탕이 기록되었어요. '백설기에는 설탕을 넣어야 제맛'이라며 백설탕을 최고급품으로 인정하고 있지요.

이런 기록으로 보아 중국에서는 백설팅을 만들 정도로 설탕 제조 기술이 발달했고, 고려의 상류계층에서는 설탕의 소비가 웬만큼 자리 잡았음을 알 수 있어요.

일본에 상륙한 설탕

설탕은 인도에서 아랍으로, 다시 유럽과 아메리카를 돌고 돌아 가장 먼저 근대화를 이룬 일본에 들어왔어요.

일본은 이 설탕을 만들기 위해 청일 전쟁으로 빼앗은 대만(타이완)을 사탕수수 재배지로 삼았어요.

여기서 만들어진 설탕은 일본과 만주, 한국으로 들어갔지요.

장롱 속에 고이 모셔둔 설탕

우리나라 서민들이 설탕을 맛보기 시작한 것은 일제강점기예요. 대만에서 만들어진 설탕을 배급받은 거지요. 해방 이후에도 꽤 여러 해 동안 대만에서 원당을 수입했어요.

이렇게 들여온 설탕은 얼마 지나지 않아 생활필수품이 되었는데, 설탕이 귀한 나머지 장롱 속에 고이 모셔놓기도 했답니다.

우리나라 최초의 설탕 공장

1953년 우리나라 최초의 설탕 공장이 부산에 세워졌어요. 그때부터 설탕을 대량으로 생산하기 시작했지요.

5. 설탕과 산업

설탕으로 돈을 벌 수 있다면 어떤 것이 있을까요?
설탕이 듬뿍 들어간 맛있는 음식을 판다고요?
아마도 건강에 해롭다며 사람들이 멀리할 거예요.
설탕은 단순히 음식에만 들어가는 것이 아니랍니다.
우리의 경제생활에 큰 영향을 끼칠 만큼
숨겨진 능력이 있습니다.
그 비밀을 자세히 들여다볼까요?

산업용 설탕

설탕은 음식을 만들 때만 들어가는 게 아니라 여러 가지 제품을 만드는 데도 들어가요. 몇 가지 플라스틱에는 설탕을 재료로 써요. 접착테이프에서는 코팅 역할을 하고 풀에서는 끈끈이 역할을 하지요.

사탕수수 에탄올

브라질에서는 사탕수수 에탄올이 운송 연료의 40%를 차지하고 있어요. 사탕수수 에탄올은 재생 가능한 친환경 연료랍니다.

바이오 플라스틱

태국은 최근 사탕수수를 활용한 바이오 에너지, 바이오 플라스틱 산업이 활성화되고 있어요. 전 세계적으로 환경 문제에 관심이 높아짐에 따라 바이오 플라스틱의 수요는 크게 증가하고 있답니다.

사탕수수로 폴리에틸렌 생산

벨기에에서는 사탕수수를 이용해 폴리에틸렌 포장재를 개발해내고 플라스틱병 제조에도 힘을 기울이고 있어요. 사탕수수라는 천연재료를 활용하여 친환경 제품을 만들어내는 거예요.

친환경 도료

금속, 도자기, 유리, 플라스틱 등을 칠하는 재료 속에도 설탕이 들어가요. 이 도료는 옛날 우리 조상들의 전통적 도료 기법인 옻칠처럼 위생적이고 자연적이랍니다.

설탕은 시멘트와 철근을 혼합할 때 너무 빨리 굳지 않게 도와줘요.

식품 산업용 설탕

식품 산업이 발달하면서 설탕은 그 쓰임새가 더욱 많아졌어요. 대부분의 가공식품에 설탕이 들어가기 때문이지요.

가공식품의 탄생

과학 기술의 발전으로 농업과 축산업이 급격히 발전했어요. 그 결과 많은 곡식과 고기가 생산되었고, 식품 회사들은 이를 이용하여 여러 가공식품들을 만들기 시작했어요. 과자, 소시지, 햄버거, 콘플레이크, 통조림, 아

이스크림, 유제품 등 우리가 먹고 있는 대부분의 가공식품에는 설탕이 들어 있답니다. 설탕과 가공식품은 떼려야 뗄 수 없는 관계인 셈이지요.

가공식품과 설탕

바쁜 현대인들은 가공식품을 즐겨 먹어요. 그런데 가공식품 속에 들어 있는 설탕은 눈에 보이지 않아 주의를 기울이지 않고 먹다 보면 자신도 모르는 새에 지나치게 많은 양의 설탕을 먹게 된답니다.

설탕과 건강

건강을 이야기할 때 설탕은 그리 좋은 대접을 받지 못해요.

성인병을 비롯한 각종 현대병을 일으키는 주범으로 공격당하기 일쑤지요. 그러나 설탕 그 자체가 나쁜 것은 아니에요. 과잉 섭취했을 때 문제를 일으키는 것이지요.

달콤함이 가려 버린 불편한 진실

가공식품 중에는 질 나쁜 고기와 오래된 곡식에 설탕과 인공 첨가물을 넣어 교묘하게 포장한 가공식품도 있어요. 달콤한 설탕의 맛으로 원재료의 맛과 향을 가려 버린 것이지요.

사탕수수 찌꺼기 활용

사탕수수가 설탕이 되는 과정에서 나오는 찌꺼기들은 재활용돼요. 제지, 연료, 절연판, 왁스 등을 만드는 데 중요한 역할을 하지요.

가축 사료로 좋은 당밀

사탕수수 찌꺼기인 당밀은 탄수화물의 함량이 높아서 가축 사료로 아주 좋아요. 1811년 독일에서 가축 사료로 쓰이기 시작해 오늘날에는 미국에서만 매년 60만 톤 이상이 사료로 사용되고 있어요.

쓸데 많은 당밀

당밀로 만든 알코올인 에탄올은 식초, 화장품, 약품, 용매제, 도료 등을 만드는 데에 쓰여요. 이 밖에도 당밀은 부탄올, 젖산, 구연산, 글리세롤, 효모 등을 만드는 데 쓴답니다.

설탕 찌꺼기로 만든 술, 럼

카리브해의 대표적인 술인 럼은 설탕을 만들고 남은 찌꺼기인 당밀을 열대의 고온에서 자연적으로 발효시켜 만든 증류수예요. 당밀은 풍부한 탄수화물을 포함하고 있으므로 알코올로 발효될 수 있어요.

버개스

버개스는 사탕수수에서 수액을 뽑고 남은 섬유질 찌꺼기예요. 종이, 마분지, 섬유판, 합판 등의 원료로 쓰여요.

설탕 공예

설탕은 멋진 예술 작품이 되기도 해요. 설탕으로 만든 아름다운 조각품은 식탁이나 예식장 같은 곳을 화려하게 장식하지요.

궁전 장식

1500년대와 1600년대 유럽의 궁전에서는 잔치 때 설탕으로 식탁을 장식했어요. 설탕을 반죽해서 만든 커다란 조각품을 식탁 위에 올려놓았던 거예요.

설탕 배에는 깃발이 나부끼고, 설탕 성은 웅장하고, 색깔을 칠한 설탕 사자, 설탕 백조, 설탕 낙타, 설탕 유니콘은 모두 살아 움직이는 것 같았답니다.

웨딩 케이크 장식

200여 년 전부터 영국에서는 웨딩 케이크를 장식할 때 설탕 조각품을 이용했어요. 설탕 조각품은 그 어떤 장식보다 화려하고 고급스러웠지요. 영국에서 시작된 설탕 공예는 시대와 유행에 따라 끊임없이 발달해 왔어요.

설탕 공예의 역사

설탕 공예는 역사를 밝힐 만큼 충분한 기록이 남아 있지 않아요. 현재 남아 있는 가장 오래된 기록은 18세기에 그려진 동판화예요. 오늘날과 같이 예술성이 담긴 설탕 공예가 등장하게 된 것은 1900년대부터랍니다.

이슬람의 설탕 사원

11세기 무렵 이슬람 국가에서는 명절이 되면 아주 많은 설탕을 사용하여 갖가지 거대한 예술품을 만들어요. 나무를 비롯한 각종 물건뿐 아니라 완전히 설탕만으로 이슬람교 사원을 짓기도 했지요. 명절이 끝나면 사람들을 초대하여 그것을 함께 먹어 치우기도 했답니다.

설탕 박물관

프랑스, 독일, 모리스섬에 있는 팜플무스, 캐나다, 서인도 제도에 있는 바르바도스섬 등 세계 곳곳에 설탕 박물관이 있어요. 마르티니크섬에는 사탕수수 박물관이 있지요.

6. 설탕이 가는 길

여러분은 세상에서 무엇이 제일 먹기 싫은가요?
아마도 쓰디쓴 약이 아닐까요?
'입에 쓴 약이 몸에는 좋다'고 하지만,
아무래도 쓴 약은 먹기 어렵습니다.
그래서 설탕이 필요하지요.
설탕은 생각보다 더 다양하게 우리 생활 곳곳에 쓰이고 있답니다.
지금부터 그 놀라운 발견의 세계가 펼쳐집니다.

설탕의 다양한 쓰임새

20세기 초에는 사탕수수 설탕과 사탕무 설탕 사이에 치열한 경쟁이 벌어졌어요. 그러다가 1950년 이후부터 사탕수수가 우위를 차지했지요. 그런데 감미료라는 새로운 경쟁자가 등장한 거예요.

감미료는 화학 합성 과정을 거쳐 만들기 때문에 천연적으로 재배할 필요가 없답니다.

설탕을 운반하는 수단

설탕은 무거워서 옮기기가 쉽지 않아요. 그래서 배나 기차, 트럭에 실어 날라야 합니다.

어떤 곳은 원당으로, 어떤 곳은 설탕으로 여러 운반 수단을 통해 세계 곳곳으로 운반되지요.

설탕이 많이 나는 나라

전 세계 최고 사탕수수 설탕 생산지는 브라질이에요. 브라질은 해마다 3992만 톤의 설탕을 생산하고, 인도는 3470만 톤, 유럽 연합은 1580만 톤, 중국은 1060만 톤을 생산하는데 사탕수수와 사탕무를 모두 재배해요.

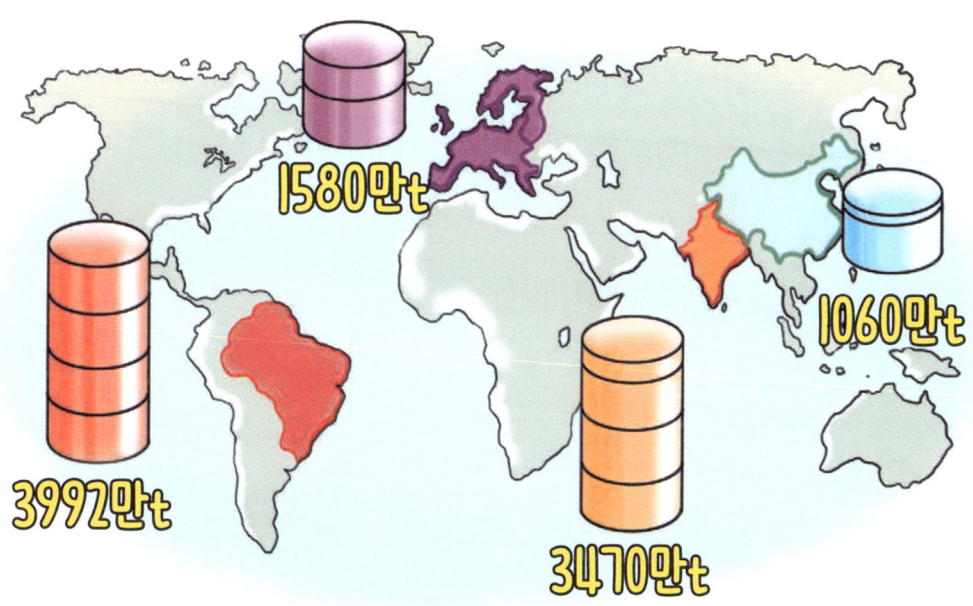

출처 : 미국 농무부, 2021

사탕무 설탕 생산으로는 러시아가 세계 1위이고, 그다음은 프랑스와 독일이랍니다.

설탕이 모자란 나라

 1년 내내 추운 날씨가 이어지는 툰드라 기후 지역이나 서남아시아와 같은 사막 지역에서는 사탕수수나 사탕무를 재배하기 어렵습니다.
 우리나라도 기후 조건이 맞지 않아 사탕수수나 사탕무를 재배하지 않고 원당을 수입해서 설탕을 만들고 있습니다.

설탕을 많이 소비하는 나라

설탕은 전 세계에서 해마다 1억 8천만 톤 이상 만들어집니다. 이 가운데 인도가 2800만 톤을 소비하고, 유럽 연합이 1660만 톤, 중국이 1550만 톤, 미국이 1100만 톤, 브라질이 1015만 톤 정도를 소비합니다.

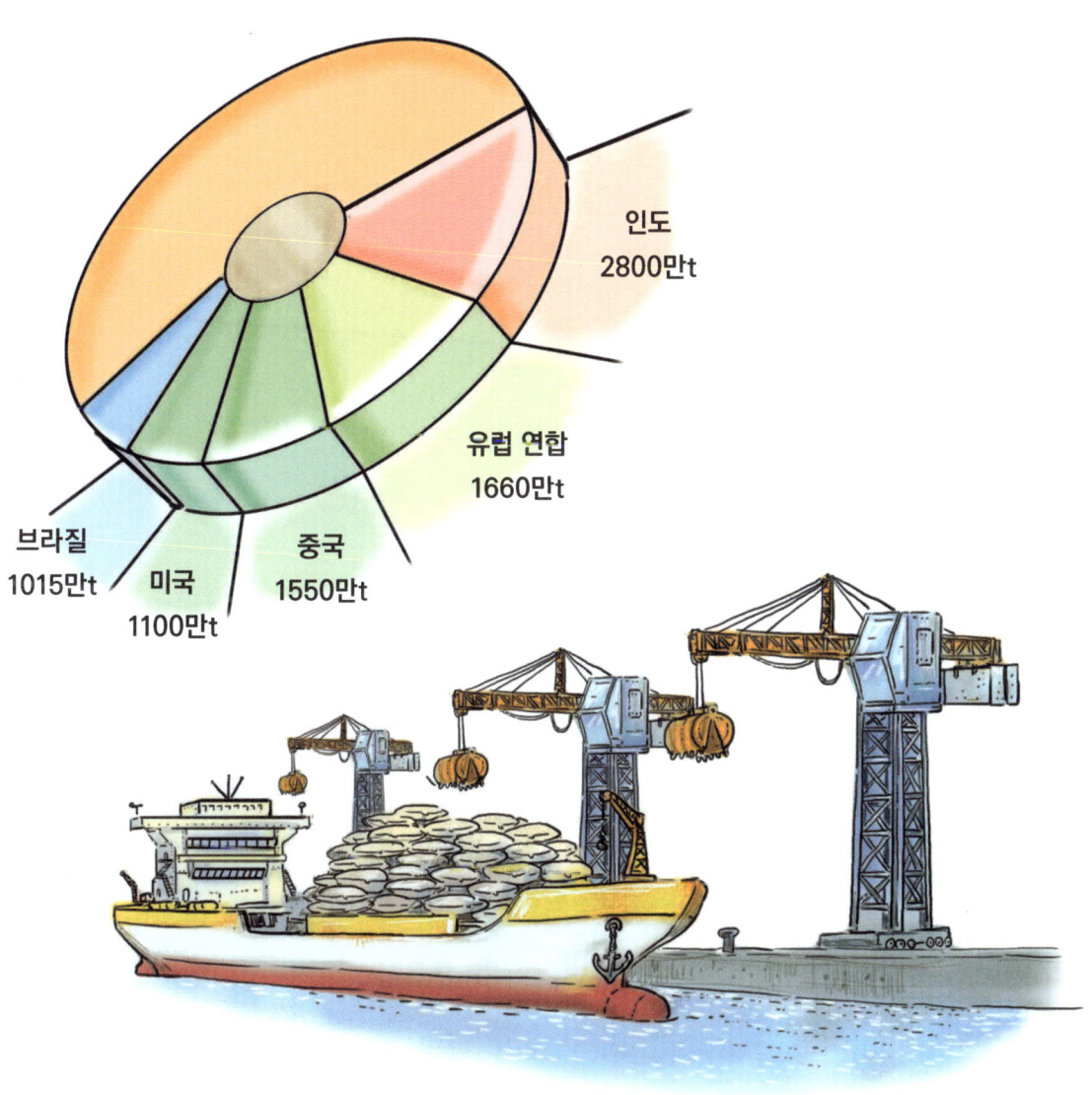

재우는 설탕 뿌리는 설탕

우리는 보통 음식을 만들 때 설탕을 넣습니다. 우리가 먹는 설탕은 천연 감미료로 달콤한 맛을 내며 물에 잘 녹지요. 그런데 설탕은 이것 말고도 우리 생활에서 훨씬 다양하게 쓰이지요.

잼과 과일 절임

과일에 설탕을 넣어 잼을 만들면 오래 보관할 수 있어요. 잼에 넣은 설탕은 과일 맛을 유지해 주고 보관도 도와줘요. 또 과일을 설탕에 재워 두면 수분이 빠져나가고 대신 설탕이 스며들어 색다른 맛을 즐길 수 있지요.

떡이나 빵에 설탕을 뿌려두면

떡이나 빵을 오래 두면 굳어지고 바삭바삭해져요. 그런데 설탕을 뿌려 놓으면 말랑말랑한 상태를 유지할 수 있어요.

설탕이 물을 빨아들여 머금고 있기 때문이지요.

밀폐 용기에 각설탕 하나

먹다가 남은 과자는 눅눅해지기 쉬워요. 그럴 때는 과자를 밀폐 용기에 넣고 각설탕 한 개를 넣어 두면 바삭바삭한 상태를 유지할 수 있어요.

- 채소가 든 용기에도 각설탕을 넣어두면 싱싱한 상태가 유지돼요.
- 달걀찜을 할 때 설탕 1/4 티스푼을 넣으면 달걀의 풍미가 살아 있는 보들보들한 달걀찜이 만들어져요.
- 매실과 설탕을 1:1로 재워두면 맛있는 매실즙이 만들어져요.
- 설탕은 빵과 비스킷, 케이크 반죽을 부드럽게 하고 부풀려 줘요.

설탕은 쓸데가 많아요

우리가 먹는 설탕은 자연에서 나온 것입니다. 설탕을 잘 활용하면 자연과 환경 그리고 생활에 큰 도움이 되지요.

쓴 약을 달콤하게

의사들은 쓰거나 고약한 맛이 나는 약을 단맛으로 감싼 '당의정'을 만들었어요. 당의정은 약 먹기 싫어하는 환자들에게 큰 도움을 주었지요. 시럽 기침약에는 첨가제로 설탕을 넣어 먹기 좋게 만들었답니다.

담배에도 설탕을 넣는다는 걸 아세요? 담배에서 단맛이 나는 건 설탕 덕분이랍니다.

빨래와 설탕

빨래를 삶을 때 세제와 함께 설탕 한 스푼을 넣고 삶으면 빨래가 더욱 깨끗해져요. 마지막 헹구는 물에 약간의 설탕과 레몬즙을 넣으면 감촉도 부드러워지고 물 빠짐도 방지되어 언제나 새 옷 같은 느낌을 유지할 수 있지요.

간장이나 소스 얼룩 제거에도 설탕

먼저 소금물을 칫솔에 묻혀 두드리고 30분 정도 그대로 둬요. 그다음 설탕물을 칫솔에 묻혀 잘 두드리면 얼룩이 빠져요.

옷에 껌이 묻었을 때

껌이 묻은 부분에 설탕 한 스푼을 넣고 비비면 깨끗해져요. 껌이 오래되어 굳었다면 설탕을 놓고 그 위에 뜨거운 물을 조금 부은 뒤 비비면 말끔해집니다.

거친 피부를 매끄럽게

설탕에는 보습 성분이 들어 있어 마사지나 팩을 하면 각질 제거와 보습 효과를 거둘 수 있어요. 물에 흑설탕을 녹인 다음 은근한 불에서 졸여 만든 흑설탕 에센스는 피부에 자극이 적어 누구나 안심하고 사용할 수 있지요.

7. 설탕은 정직해요

설탕은 많은 사람들로부터 공격을 당하고 있어요.
사람들의 건강을 해치고 각종 질병을
일으키는 원인이 된다고 말이지요.
정말 설탕 탓일까요?
설탕은 나쁘기만 한 걸까요?
설탕이 인류에 공헌한 것은 없는지
우리 모두 곰곰이 생각해 보아요.

동물과 설탕

동물들도 설탕을 좋아해요. 풀을 먹는 초식 동물은 풀에 들어 있는 설탕을 먹고, 다른 동물을 잡아먹는 육식 동물은 먹이 속에 들어 있는 설탕을 먹지요.

새들은 복숭아, 배, 사과, 감 등 달콤한 과일을 좋아합니다. 달콤한 과일 속에 설탕이 많이 들어 있기 때문이지요.

개미가 설탕을 얼마나 좋아하는지는 길바닥에 아이스크림을 흘려 보면 알 수 있어요. 순식간에 개미가 떼를 지어 몰려옵니다.

파리는 빛에 끌리지만 어두운 구멍 끝에 설탕을 놓아두면 어두운 구멍을 선택합니다. 빛보다 설탕을 더 좋아하는 것이지요.

꿀이라면 벌침도 무섭지 않은 곰

곰은 특히 꿀을 좋아해요. 꿀벌의 벌집을 발견하면 수천 마리의 벌들에게 쏘이면서도 꿀벌과 꿀을 통째로 먹어 치우지요.

살기 위해 단맛의 유혹을 물리치는 바퀴벌레

바퀴벌레는 설탕을 아주 좋아하지만, 살아남기 위해 거부한다고 해요. 미국 노스캐롤라이나 대학 연구팀이 바퀴벌레 퇴치 약을 개발하기 위해 며칠 굶은 바퀴벌레에게 잼과 땅콩버터를 줬더니 땅콩버터는 먹었지만 잼은 입에 물었다가 뱉어 버렸다고 해요. 단맛이 독이 든 물질의 맛과 향을 감출 수 있기 때문에 설탕이 들어간 달콤한 잼을 먹지 않은 거지요.

설탕을 만드는 식물

모든 녹색식물은 햇빛을 받으면 광합성을 합니다.

식물 속에 천연 당분, 설탕이 만들어지는 것이지요. 설탕이 많이 든 식물은 달고, 설탕이 적게 든 식물은 덜 달지만 모든 식물에는 설탕이 들어 있습니다.

대추나무의 열매인 대추와 열대 과일인 대추야자 열매는 매우 달아요.

파인애플, 바나나, 딸기, 사과, 배, 감, 오렌지, 포도 등의 과일도 달콤하지요.

양파, 무, 당근 등은 채소인데도 당분이 많이 들어 있어요.

옛날에는 장미과의 찔레나무에 새순이 돋아나면 꺾어서 껍질을 벗겨 먹었어요. 약간 새콤하면서도 달콤한 맛이 나거든요. 찔레나무 열매도 단맛이 나요.

위험한 설탕

마라톤 경기를 할 때는 땀을 많이 흘리기 때문에 달리는 중간에 물을 마셔 수분을 보충해야 해요. 그런데 설탕이 든 주스나 청량음료를 마시면 갈증이 더욱 심해져요.

우리 몸이 설탕을 흡수하느라 수분을 잘 흡수하지 못하기 때문이지요.

너무 많이 먹으면 안 돼요

설탕은 우리 몸에 아주 중요한 일을 합니다. 하지만 설탕을 너무 많이 먹으면 몸의 균형이 깨져서 허약해져요.

달고 맛있지만 지나치면 독이 되는 것이지요.

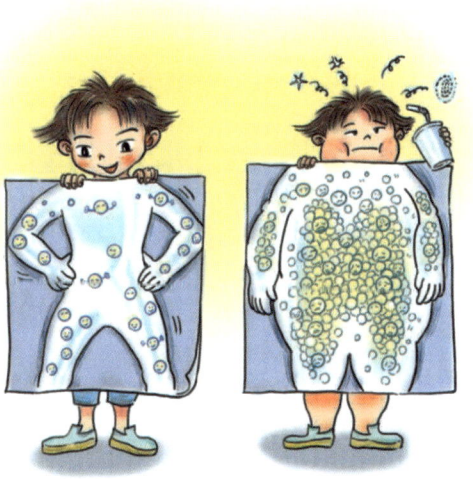

설탕의 중독성

설탕은 달콤한 맛으로 입맛을 끌어당겨요. 한번 길들면 중독되어 계속 먹고 싶어지지요.

캐나다의 한 대학에서 쥐에게 실험해 본 결과 설탕을 먹고 자란 쥐는 음식을 선택할 때 설탕만을 원했어요. 그러나 설탕을 안 먹고 자란 쥐는 아무 음식이나 잘 먹었답니다.

설탕의 위험을 경고하는 최초의 기록

뉴욕 포스트지 기자인 윌리엄 더프티는 설탕의 주산지인 이집트로 진군했던 십자군에 대해 "사막을 호령하던 전사들의 칼날은 매서움을 잃었다."라고 썼어요.

십자군이 잇몸에서 악취가 나고 피가 흐르며 피부에 출혈성 반점이 돋고 다리가 붓는 등 허약한 군대로 전락한 것이 설탕 때문이라고 했지요.

여왕의 이가 까맣게 변해 버렸다고?

1500년대 살았던 영국 엘리자베스 여왕은 설탕을 무척 좋아했어요.

그래서 항상 주머니에 설탕으로 만든 '키스 사탕'을 넣어 가지고 다니면서 틈이 날 때마다 꺼내 먹었는데, 그 때문에 여왕의 이는 온통 까맣게 썩어 버렸대요.

식물은 설탕을 무서워해요

식물에 물 대신 설탕물을 뿌리면 더 달콤한 채소나 과일을 얻을 수 있을까요? 대부분의 식물들은 설탕물을 뿌리면 말라 죽거나 거의 자라지 못합니다. 식물이 살아가기 위해서는 뿌리가 물을 흡수해야 하는데, 설탕물을 주면 흡수하지 못하거든요.

그럼 좀 더 달콤한 채소와 과일을 얻기 위해서는 어떻게 해야 할까요? 햇빛이 잘 드는 곳에 심고 거름을 많이 줘서 튼튼하게 키우는 게 가장 좋은 방법이지요.

설탕과 건강

대부분의 사람들은 달콤한 설탕을 좋아해요. 그러나 아무리 좋아해도 지나치게 섭취해서는 안 돼요. 정제된 설탕은 건강을 해치고 성인병 등 각종 질병을 일으키는 원인이 되거든요.

세 가지 하얀 식품

흔히 건강을 해치는 적으로 삼백이라고 해서 흰 설탕, 흰 밀가루, 흰쌀을 꼽아요. 먹기 좋고 부드럽고 달콤해서 누구나 좋아하는 흰 설탕, 흰 밀가루, 흰쌀이 왜 공격을 당할까요?

흰 설탕은 우리 몸에 꼭 필요한 다른 영양소들을 모두 걸러내고 탄수화물만 남겼기 때문이에요. 흰 밀가루와 흰쌀에도 다른 영양소는 적고 탄수화물이 많지요.

탄수화물은 우리 몸에 에너지를 주는 중요한 영양소지만, 지나치게 많이 먹으면 몸의 균형이 깨져 건강에 해롭답니다.

설탕을 좋아하면 충치가 생겨요

이가 아파 본 적 있나요? 충치는 세균의 영향으로 벌레가 파먹은 것처럼 이가 썩는 걸 말해요. 충치가 생기면 이가 시리고 아파서 음식을 제대로 먹을 수 없어요. 그 고통은 말로 표현하기 힘들 정도지요. 그런데 우리 입안에 사는 세균은 설탕을 엄청나게 좋아한답니다.

특히 사탕, 초콜릿, 껌 등을 좋아하는데, 끈적끈적해서 입안에 오래 남아 있기 때문이에요. 설탕이 든 음식을 먹고 양치질을 하지 않으면 세균들이 입안에서 성대한 파티를 벌이겠지요?

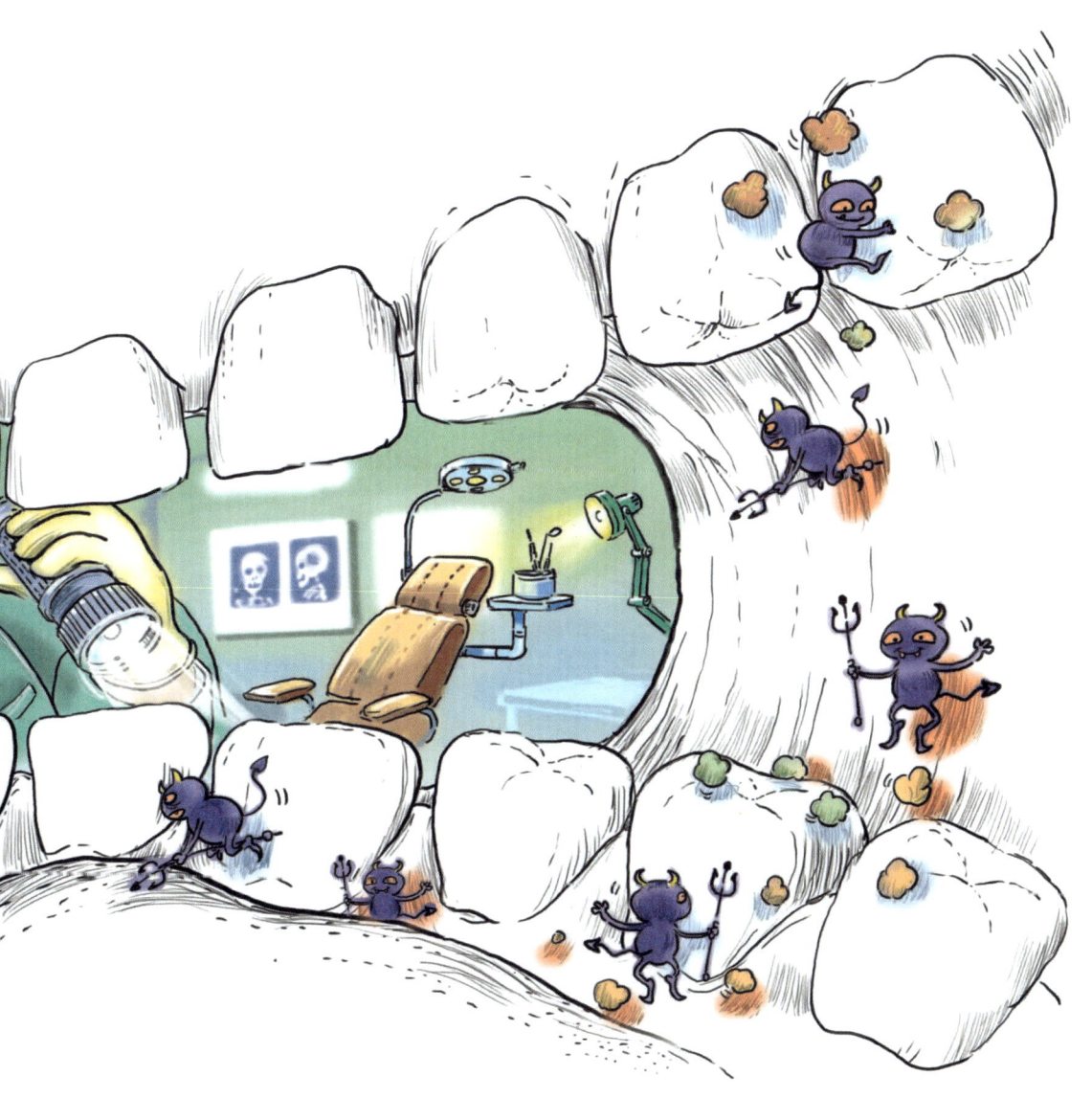

설탕과 비만

비만은 우리 몸이 소모하는 에너지보다 더 많은 칼로리를 섭취할 때 생겨요. 설탕은 순수한 탄수화물로 우리 몸에 들어오는 즉시 에너지를 내는 식품이에요. 그래서 에너지가 부족할 때는 큰 도움을 주지만 넘칠 때는 살이 찌는 거예요.

비만이 되면 활동하기가 불편하고 조금만 움직여도 숨이 차지요. 그리고 각종 질병과 성인병의 원인이 된답니다.

건강을 위한 설탕의 부탁

여러분, 오래도록 달콤한 맛을 즐기고 싶다면 설탕의 양을 조절해 주세요. 설탕은 사람들에게 엄청난 사랑과 미움을 동시에 받고 있거든요. 적당히 먹으면서 달콤한 행복의 맛을 오래도록 누릴 것인지, 많이 먹고 건강을 잃을 것인지는 여러분 손에 달렸답니다.

설탕 관련 상식 퀴즈

01. 광합성을 하는 녹색식물 속에는 _____이 들어 있어요.
02. 사탕이나 솜사탕은 주재료가 설탕이에요. (○, ×)
03. 세계 보건 기구(WHO)에서는 과일과 우유 등을 제외한 설탕 섭취량을 하루 50g 미만으로 권장하고 있어요. (○, ×)
04. 설탕은 우리 몸에 필수적인 에너지원으로 지방의 원천이에요. (○, ×)
05. 뇌는 설탕의 기본 원료 중 하나인 _____과 산소를 에너지로 사용해요.
06. 설탕을 너무 많이 먹으면 우리 몸에 있던 중요한 영양소들이 모두 빠져나가 몸이 허약해져요. (○, ×)
07. 설탕의 화학적 성분은 자당이에요. (○, ×)
08. 설탕은 음식물이 부패하는 것을 막아 줘요. (○, ×)
09. 설탕의 유통 기한은 45일 정도예요. (○, ×)
10. 16세기까지 설탕은 유럽에서 왕실이나 귀족만 이용하는 의약품이자 향신료였어요. (○, ×)
11. 설탕의 원료는 사탕수수, 사탕무, _____이에요.
12. 우리나라에서는 원당을 수입해서 설탕을 만들어요. (○, ×)
13. 꿀은 인류 최초의 감미료로 불려요. (○, ×)
14. 설탕의 원료인 사탕수수가 처음 재배된 곳은 태평양 남서부의 _____예요.
15. 세계 최초의 설탕 생산국은 대한민국이에요. (○, ×)
16. 설탕이 유럽과 아프리카와 아메리카 대륙을 잇는 _____을 탄생시켰어요.

17. 사탕수수 에탄올은 재생 가능한 친환경 연료예요. (○, ×)

18. 세계에서 사탕수수 설탕을 가장 많이 생산하는 나라는 중국이에요. (○, ×)

19. 과일에 _____을 넣어 잼을 만들면 오래 보관할 수 있어요.

20. 동물들도 설탕을 좋아해요. (○, ×)

21. 마라톤 경기를 할 때 설탕이 든 주스나 청량음료를 마시면 갈증을 해소할 수 있어요. (○, ×)

22. 설탕은 달콤한 맛으로 입맛을 끌어당겨요. (○, ×)

23. 식물에 물 대신 설탕물을 뿌리면 더 달콤한 채소나 과일을 얻을 수 있어요. (○, ×)

24. 흰 설탕, 흰 밀가루, 흰쌀에는 영양소 가운데 _____이 아주 많이 들어 있어요.

25. 우리 입안에 사는 세균은 설탕을 엄청나게 좋아해요. (○, ×)

정답
01 당분   02 ○   03 ○   04 ×   05 포도당   06 ○   07 ○   08 ○   09 ×
10 ○   11 사탕단풍   12 ○   13 ○   14 뉴기니   15 ×   16 삼각 무역   17 ○
18 ×   19 설탕   20 ○   21 ×   22 ○   23 ×   24 탄수화물   25 ○

설탕 관련 단어 풀이

당 - 물에 녹아 단맛을 내는 탄수화물. 일반적으로 설탕을 가리킴.

광합성 - 식물이 빛을 이용해 스스로 양분을 만드는 과정.

엽록소 - 녹색식물의 잎 속에 들어 있는 녹색 색소로, 빛에서 에너지를 흡수하며 이산화탄소를 탄수화물로 바꿈.

포도당 - 사탕수수나 사탕무에 들어 있는 단맛이 나는 성분 중 하나. 포도, 무화과, 감 같은 열매나 벌꿀 등에 들어 있음.

가공식품 - 식품의 원료인 농산물·축산물·수산물을 그대로 또는 첨가물을 넣어 먹기 쉽고 오래 저장할 수 있도록 처리한 식품.

세계 보건 기구(WHO) - 보건과 위생 분야의 국제적 협력을 촉진하기 위해 설립된 국제 연합의 전문 기구. 우리나라는 1949년에 가입함.

탄수화물 - 힘을 낼 수 있도록 에너지를 만들어 주는 영양소. 쌀, 고구마, 밀 등에 많이 들어 있음.

과당 - 포도당과 함께 과실 속에 들어 있는 당분. 흰색 가루로 물과 알코올에 녹으며, 단맛이 있고 발효하면 알코올이 됨.

자당(蔗糖) - 일반명은 슈크로오스, 제품명은 설탕. 포도당과 과당이 결합한 당.

정제 - 물질에 섞인 불순물을 없애 그 물질을 더 순수하게 함.

원료당 - 원당. 설탕의 원료가 되는, 정제하지 아니한 설탕.

유통 기한 - 제품의 제조일로부터 소비자에게 판매가 허용되는 기한.

효모 - 엽록소가 없는 단세포로 이루어진 원형. 발효 작용을 함.

발효 - 미생물이 자신이 가지고 있는 효소를 이용해 유기물을 분해하는 과정.

의약품 - 병을 치료하는 데 쓰는 약품.

향신료 - 고추, 후추, 파, 마늘, 생강 등 음식에 맵거나 향기로운 맛을 더하는 조미료.

대용 설탕 - 설탕 대신 단맛을 내는 식품.

감미료 - 설탕, 물엿, 포도당, 사카린 등 단맛을 내는 데 쓰는 재료를 통틀어 이르는 말.

당도 - 음식물에 들어 있는 단맛의 정도. 당의 비율(농도).

농축 - 액체를 진하게 또는 바짝 졸임.

결정 - 원자나 이온들이 규칙적으로 배열하고 있는 고체 상태의 물질.

당밀 - 사탕무나 사탕수수에서 사탕을 뽑아내고 남은 검은빛의 즙액.

추출 - 뽑아냄. 여러 가지의 혼합물 중에서 어떤 물질을 분리하는 방법.

세당 - 설탕을 제조하기 위해 원당 표면의 불순물을 제거하는 일.

삼각 무역 - 3개국 사이에서 하는 무역.

도료 - 페인트나 옻칠, 에나멜과 같이 물건의 겉에 칠해 그것을 썩지 않게 하거나 외관상 아름답게 하는 재료.